ASSERTIVITEIT ONTWIKKELEN

Voor jezelf opkomen en effectiever communiceren

ASSERTIVITEIT ONTWIKKELEN

Voor jezelf opkomen en effectiever communiceren

geschreven door Véronique Bronckart
vertaald door Nikki Claes

50MINUTES.com

ASSERTIVITEIT ONTWIKKELEN 4

DE GRONDBEGINSELEN VAN
ASSERTIVITEIT AAN DE MACHT 6

Wat is assertiviteit? 6
Het nut ervan in de professionele context 6
Hoe durf je je te uiten? 8

TOP TIPS 15

FAQ 19

Wat is assertiviteit? 19
In welke situaties kan assertiviteit nuttig voor mij zijn? 19
Hoe kun je assertief zijn zonder agressief
of arrogant over te komen? 20
Assertiviteit of egoïsme? 20
Hoe kan ik mijn gedrag veranderen om assertiever
te zijn? 20
Welke impact kan assertiviteit hebben op mijn
beroepsleven? 21

HET IS AAN JOU! 22

Ben je assertief? 22
Jezelf durven laten gelden 23

OM VERDER TE GAAN 24

Bibliografische bronnen 24
Aanvullende bronnen 24

ASSERTIVITEIT ONTWIKKELEN

- **Het probleem?** Hoe kan men zijn standpunt en behoeften verdedigen en tegelijk die van anderen respecteren?

- **Waarom is het nuttig?** Door uzelf te laten gelden zonder arrogant of agressief over te komen, kunt u effectieve en gezonde communicatie binnen uw bedrijf ontwikkelen.

- **Professionele context?** Professionele relaties, persoonlijke ontwikkeling, sociale psychologie, management, conflictbeheersing.

- **FAQ?**
  - Wat is assertiviteit?
  - In welke situaties kan assertiviteit nuttig voor mij zijn?
  - Hoe kun je assertief zijn zonder agressief of arrogant over te komen?
  - Assertiviteit of egoïsme?
  - Hoe kan ik mijn gedrag veranderen om assertiever te zijn?
  - Welke impact kan assertiviteit hebben op mijn beroepsleven?

In ons privé- of beroepsleven worden we regelmatig geconfronteerd met verzoeken die ons storen omdat ze te vaak voorkomen of niet stroken met onze waarden. En maar al te vaak durven we geen "nee" te zeggen, uit angst ons teleur te stellen of een conflict te vermijden, ondanks de frustratie, het verdriet of de woede die deze situatie in ons kan oproepen. Dus hoe kunnen we dit voorkomen? Hoe kunnen we stoppen met simpelweg te antwoorden met "Zoals u wenst"? Hoe kunnen we ons laten gelden zonder conflicten of teleurstellingen te veroorzaken? Hoe kunnen we voorkomen dat we de mensen om ons heen kwetsen terwijl we onze rechten verdedigen?

Er is maar één oplossing: assertiviteit. Dit gedrag wordt soms verward met arrogantie of agressiviteit, maar dat is het niet. Immers, terwijl agressief gedrag erop gericht is anderen te schaden, en arrogantie gelijk staat aan minachting voor de gesprekspartner, is assertiviteit gericht op respect voor anderen en zichzelf. De grens tussen beide is echter poreus en er is slechts een kleine fout nodig om als bedreigend in plaats van welwillend te worden beschouwd. Daarom is het noodzakelijk om op passende wijze te communiceren. Dit vereist een goede kennis van zichzelf, zijn behoeften en waarden.

Als ook jij het moeilijk vindt om ruzie te maken, om "nee" te zeggen of als je je niet durft te laten gelden in een vergadering, tegenover je collega's of je leidinggevende, zal dit boek je helpen om uit deze situaties te komen. Ontdek in 50 minuten de sleutels tot het ontwikkelen van uw assertiviteit aan de hand van te volgen stappen, adviezen en oefeningen.

DE GRONDBEGINSELEN VAN ASSERTIVITEIT AAN DE MACHT

WAT IS ASSERTIVITEIT?

Assertiviteit is het vermogen om iemands rechten en meningen uit te drukken en te verdedigen met respect voor die van anderen. Assertief gedrag bestaat er namelijk in dat men zijn behoeften, emoties, grenzen of overtuigingen op een directe en eerlijke manier, met vertrouwen en zekerheid, kenbaar maakt zonder de ander te frustreren.

Helaas wordt assertiviteit, als gevolg van miscommunicatie of verkeerde interpretatie, vaak verward met agressiviteit of arrogantie, hoewel het doel ervan is te zorgen voor wederzijds respect en anderen niet te schaden.

HET NUT ERVAN IN DE PROFESSIONELE CONTEXT

Assertiviteit speelt een belangrijke rol in professionele relaties en managementsituaties:

- uw professionele relaties verbeteren en worden gezond dankzij de duidelijke en openhartige uitdrukking van de respectieve behoeften;
- Je ontwikkelt je relationele intelligentie, d.w.z. het vermogen om je communicatiestijl aan te passen aan

de persoon met wie je te maken hebt en aan de situatie, en je collega's op hun gemak te stellen;

- vergroot u uw kansen om uw onderhandelingen te winnen en uw contracten stevig af te sluiten;

- u vermindert de bronnen van stress en het risico van een burn-out door beleefd "nee" te durven zeggen tegen uw collega's wanneer u overbelast bent;

- je vergroot je vertrouwen en het gevoel van veiligheid van je personeel door verantwoordelijkheid te nemen en een standpunt in te nemen;

- Je leert constructieve kritiek te gebruiken om veranderingen in acties of gedrag aan te moedigen om je doelen te bereiken;

- je verijdelt machtsspelletjes en manipulaties door eerlijk te blijven tegen jezelf, met respect voor jouw behoeften en die van anderen;

- Tenslotte verbeter je je welzijn.

 ## EEN IMPACT OP HET HELE BEDRIJF

Er zijn maar een of twee mensen nodig om dit positieve gedrag te ontwikkelen en de algemene sfeer van het bedrijf wordt erdoor beïnvloed. Uitwisselingen tussen afdelingen en vergaderingen worden doeltreffender omdat de communicatie beter verloopt. De doelstellingen zijn beter gedefinieerd en de rol en bijdrage van eenieder is duidelijk omschreven, wat ook bronnen van conflicten kan verminderen. Hetzelfde geldt voor negatieve houdingen: als je collega's met minachting behandelt, zullen zij hetzelfde patroon herhalen. Handel net zo voor het welzijn van uzelf en uw team.

HOE DURF JE JE TE UITEN?

Om je te durven uiten is het noodzakelijk jezelf te leren kennen, jezelf te respecteren, je emoties te beheersen en je verwachtingen over te brengen, terwijl je de onaangenaamheden van je gesprekspartner beperkt. Als dit u ingewikkeld lijkt, gebruik dan de volgende stappen om de taak te vereenvoudigen.

Zelfbewustzijn

De eerste stap naar assertiviteit is je bewust worden van je behoeften, angsten, waarden en beperkingen om ze te kunnen accepteren. Vraag jezelf daartoe af: "Wat heb ik nodig? Wat is belangrijk voor mij? Wat motiveert mij? Waar ben ik bang voor? Hoe stoort deze situatie mij? Welke emoties roept deze situatie bij mij op? Wat zijn mijn grenzen? Dit kader zult u helpen te bepalen wat voor u van fundamenteel belang is en wat niet. Je hoeft je niet te laten gelden en overal ruzie over te maken, richt je gewoon op de dingen die voor jou belangrijk zijn.

 **DRIE CATEGORIEËN BEPERKINGEN**

Er zij op gewezen dat er verschillende vormen van beperkingen zijn. Er zijn er die verband houden met:

- **naar het "mogelijke" en het "onmogelijke".** Het gaat erom onderscheid te maken tussen wat daadwerkelijk en fysiek mogelijk is en wat niet. Het is bijvoorbeeld onmogelijk om een e-mail te versturen als uw internetverbinding niet werkt;

- **regels en normen.** Het gaat in wezen om handelingen of gedragingen waarbij de geldende regels niet worden nageleefd, of deze nu zijn vastgelegd in een verordening, een wet of voortvloeien uit goede manieren. Roken tijdens een vergadering is bijvoorbeeld niet gepast;

- **naar uw waarden, overtuigingen en behoeften.** Deze grenzen ontstaan wanneer de handelingen of taken die van je gevraagd worden, je gefrustreerd, ongemakkelijk of boos maken, omdat ze in strijd zijn met je waarden, je overtuigingen niet respecteren, of je verhinderen je eigen behoeften te bevredigen. Het is vooral deze categorie van grenzen waar het bij assertief gedrag om gaat. Stel dat uw collega u vraagt een cijfer in een boekhoudkundig document te wijzigen om een fout die hij of zij heeft gemaakt te verdoezelen: dat is niet alleen tegen de regels, maar ook tegen een van uw waarden, namelijk eerlijkheid. Of je baas vraagt je laat te blijven om een dossier af te ronden en je wordt uitgenodigd in een restaurant om de verjaardag van een vriend te vieren: dit stoort je omdat je deze avond beschikbaar moest zijn.

Zoals eerder uitgelegd is assertiviteit gebaseerd op respect voor zichzelf en anderen. Jezelf respecteren betekent met jezelf kunnen communiceren. Het is geen kwestie van een interne monoloog, maar van je bewust worden en accepteren wie je bent (je persoonlijkheid), wat je bent (je gedrag en handelingen), wat je kunt (vaardigheden, capaciteiten) en wat belangrijk voor je is (waarden, verlangens, behoeften). Je kunt dan in overeenstemming met jezelf handelen en elke bron van frustratie, ongemak of stress vermijden. Laten we een voorbeeld nemen: een van je collega's vraagt je om hem of haar te helpen een verslag af te maken. Dit stoort je omdat je veel werk te doen hebt en je weet dat als je dat accepteert, je achterop raakt, een situatie die je meer dan wat dan ook verontrust. Je collega ontlasten – wat ook een teken van luisteren en respect voor hem of haar zou zijn – gaat dus ten koste van je eigen welzijn. Dit betekent niet dat u systematisch de verzoeken van uw collega's afwijst zonder naar hen te luisteren! Om beide partijen te respecteren, analyseert u de behoeften van elke partij en vindt u een compromis: leg uw collega uit dat u een dringend dossier moet afwerken, maar dat u hem of haar zult helpen zodra deze taak is voltooid.

Om ervoor te zorgen dat u uw integriteit en die van de persoon met wie u omgaat respecteert, gebruikt u de levensposities van de transactionele analyse, waarmee u kunt analyseren, begrijpen en bewust worden van wat er gebeurt in een relatie tussen verschillende mensen. Een concept ontwikkeld door de Amerikaanse psycholoog Eric Berne (1910-1970), vertegenwoordigt de levenspositie, de waarde die wij aan onszelf en aan anderen toekennen. Er wordt onderscheid gemaakt tussen het positieve idee (in de transactionele analyse "OK" genoemd en gesymboliseerd door een "+") dat men van zichzelf, anderen en de wereld heeft, en het negatieve idee ("niet OK" en gesymboliseerd door een "-").

Om zowel met uw behoeften als met die van anderen rekening te houden, moet u ervoor zorgen dat u de "+/+" levenspositie bereikt.

Je openstellen voordat je jezelf laat gelden

Assertief zijn, betekent ook zich durven uiten of weigeren, terwijl je open en communicatief blijft. Om het juiste evenwicht te bereiken is het nodig naar de ander te luisteren, hem te begrijpen en zijn standpunt en zijn behoeften te aanvaarden voordat zijn eigen behoeften kenbaar te maken. Te vaak vergeten we rekening te houden met de ander. Dit is bijvoorbeeld het geval wanneer een directie-assistent die opdracht heeft gekregen niet te bellen naar iemand die de manager probeert te bereiken, simpelweg antwoordt dat de manager niet beschikbaar is. Hij of zij neemt niet de moeite om het belang van de oproep en de gevolgen ervan te overwegen als de persoon hem of haar niet kan bereiken. Stel je altijd open voor de beller en laat hem uitspreken wat hij wil zeggen.

Je emoties onder controle houden

De emoties die we in ons dagelijks leven voelen definiëren ons als mens. Maar als we onder stress staan, overweldigen ze ons, verhinderen ze ons goed te denken en kunnen ze ons misleiden. Deze omvatten angst veroorzaakt door de anticipatie van een mogelijke mislukking, teleurstelling veroorzaakt door ontevredenheid over een situatie, of woede die leidt tot sterke ontevredenheid of zelfs fysiek geweld. Als we ons door onze emoties laten meeslepen, kan de situatie snel uit de hand lopen. De sleutel om dit te vermijden is een betere cognitieve waarneming te ontwikkelen van wat er gebeurt wanneer we in deze toestanden verkeren.

Analyseer daarvoor een recente conflictsituatie en vraag jezelf af: "Wat voelde ik in die situatie? Waarom maakte het me boos, angstig of verdrietig? Kon ik dit gevoel accepteren? Heb ik het uitgedrukt, en hoe? Hoe heb ik het gekanaliseerd? Deze vragen zullen je helpen om de oorzaak van je emoties te begrijpen en te identificeren en zo te leren ze beter te beheersen.

Bijvoorbeeld, op een avond vraagt je baas je om een uur langer te blijven om een dossier af te werken, terwijl je je kinderen van school moet halen. Als je geneigd bent je te onderwerpen uit angst hem niet tevreden te stellen, zul je waarschijnlijk een mengeling voelen van angst (je bent bang je te laten gelden omdat hij gezag vertegenwoordigt), frustratie (je durft je behoeften niet te uiten) en verdriet (je hebt je kinderen beloofd te komen). Door de situatie te analyseren, de reden van deze gevoelens te begrijpen en te werken aan het kanaliseren ervan, zul je ze beter kunnen beheersen en zul je je op den duur durven opdringen.

Durf te zeggen

Inderdaad, iets durven zeggen is niet altijd gemakkelijk. Onder het mom van bescherming van de ander zijn we geneigd ons niet te uiten uit angst voor hun reactie of omdat we ons schamen voor wat we zeggen. We geven dan liever voorrang aan de behoeften en verlangens van anderen dan aan die van onszelf. Wanneer een van uw collega's bijvoorbeeld aanbiedt om deel te nemen aan een seminar waarin u niet geïnteresseerd bent, durf dan, in plaats van uit beleefdheid te aanvaarden, te zeggen hoe u zich voelt en de uitnodiging af te slaan. Als uw collega aanstoot neemt, leg de situatie dan rustig uit: "Ik denk niet dat mijn deelname aan dit seminar nuttig zal zijn, omdat het onderwerp niet relevant is voor mijn vakgebied. Zwijgen is geen oplossing, want dat kan leiden tot frustratie of woede bij de persoon met wie u praat, wat uw relatie zal schaden. Niemand kan raden hoe je je voelt als je het niet uitdrukt.

 ## WERKGEVER KNIPOOGT

Een goede leider is iemand die, naast andere kwaliteiten, zijn of haar verwachtingen duidelijk, assertief en vastberaden uitdrukt, en tegelijkertijd aandacht heeft voor de behoeften van het team.

Goede communicatie

Zich bewust zijn van de behoefte om zich te uiten is een eerste stap. Maar hoe doe je dat eigenlijk? Begin met het voorbereiden van uw toespraak door deze te baseren op echte, tastbare feiten met behulp van de kernvragen van het 5W2H -raster: "Wie? Wie? Wat? Waar? Wanneer? Hoe? Hoeveel?" Het doel is de feiten nauwkeurig en objectief weer te geven zonder generalisaties, persoonlijke meningen of beschuldigingen. Door informatie te gebruiken waarmee u vertrouwd bent, zult u zich zelfverzekerder en comfortabeler kunnen uitdrukken, aangezien het moeilijk zal zijn om wat u zegt in twijfel te trekken.

Gebruik rustige en gepaste communicatie om uw gevoelens en behoeften uit te drukken. Dit zal de spanning verminderen en het begrip bevorderen. Maak uw woorden zinvol en formuleer duidelijke en beknopte verzoeken, zodat deze voor beide partijen een positief resultaat opleveren. Laat tijdens de uitwisseling ook de ander zich uitdrukken en luister naar zijn standpunt.

 ## KLEIN PLUSPUNT

Nadat u naar de ander hebt geluisterd en uw behoeften hebt aangegeven, sluit u de uitwisseling op een positieve manier af door een compromis te vinden. Vergeet de sleutelwoorden van assertiviteit niet: empathie, assertiviteit en respect voor de ander.

TOP TIPS

- **Noch deurmat, noch egel**. Passief zijn, brengt je eigen welzijn in gevaar, maar agressief zijn kan je tot de paria van het bedrijf maken. Het juiste evenwicht vinden: bij assertief gedrag gaat het erom uw behoeften, grenzen of meningen op een zorgzame en vastberaden manier te doen gelden en af te dwingen zonder ze aan anderen op te leggen.

- **Leer jezelf kennen**. Om voor jezelf op te komen, moet je je bewust zijn van je waarden, angsten, emoties, behoeften en grenzen. Het zal onmogelijk zijn ze authentiek uit te drukken als je ze negeert.

- **Respecteer jezelf en de persoon met wie je praat**. Dit betekent dat je je behoeften en gevoelens moet uiten. Ze voor jezelf houden zou leiden tot frustratie of stress. Jezelf respecteren betekent ook "nee" zeggen als de situatie daarom vraagt. Bovendien is het niet voldoende om de ander te horen en te begrijpen; u moet ervoor zorgen dat uw ideeën en woorden rekening houden met de belangen van de ander.

- **Stel je open voor de ander**. Luister eerst naar de ander, sta open voor zijn of haar gevoelens en woorden om zijn of haar belangen te begrijpen en een compromis te vinden met die van jezelf.

- **Druk je emoties uit**. In een moeilijke of conflictueuze situatie de emoties die je voelt (woede, verdriet, enz.) identificeren, aanvaarden en kanaliseren, zodat ze je niet overweldigen. Gebruik ze positief door ze duidelijk aan de andere persoon uit te drukken, zodat die begrijpt wat het effect van zijn woorden en daden op jou is. Als u fel reageert zonder een reden op te geven, komt u over als imposant, humeurig, boos, maar zeker niet assertief.

- **Stel jezelf de juiste vragen**. Dit houdt in dat de situatie wordt geanalyseerd om deze te begrijpen en er beter mee om te gaan. Vraag jezelf af waarom de situatie je stoort; wat zijn jouw behoeften en die van de andere persoon; welke grenzen heeft de andere persoon overschreden; enzovoort. Deblokkeer tenslotte de situatie door de vraag te stellen: "Welke oplossing zou voor iedereen gunstig kunnen zijn?

- **Durf "nee" te zeggen**. Relativeren: een verzoek weigeren leidt niet altijd tot catastrofale situaties. Maar wijs ze niet allemaal af; analyseer ze en meet hun impact voordat u een beslissing neemt: "Wat zijn de voor- en nadelen van het accepteren?

- **Eindig met een positieve noot**. Net als bij geweldloze communicatie is het van groot belang de dialoog te beëindigen met een voor beide partijen gunstige overeenkomst. Vergeet niet de ander te bedanken voor het luisteren tijdens uw uitwisseling.

 ## Assertiviteit in geweldloze communicatie

Assertiviteit is een van de fundamentele communicatievaardigheden in Geweldloze Communicatie, een methode ontwikkeld door de Amerikaanse psycholoog

Marshall Rosenberg (1934-2015). Terwijl assertiviteit een houding is, verwijst Geweldloze Communicatie rechtstreeks naar een communicatietechniek. Beide zijn gebaseerd op authenticiteit, empathie en respect, en worden gebruikt om zich duidelijk en krachtig, maar zonder agressie, uit te drukken, om het met zichzelf eens te blijven en tegelijkertijd rekening te houden met de behoeften van de ander.

- **Wees voorzichtig met je woorden en daden**. Om jezelf te laten gelden zonder agressief over te komen, is het belangrijk om een kalme, respectvolle woordenschat aan te nemen die aangepast is aan de situatie. Let ook op je stem: spreek niet te hard en houd je toon neutraal. Lichaamstaal speelt een belangrijke rol. Let daarom op uw gebaren (naar iemand wijzen kan bijvoorbeeld worden opgevat als agressie) en uw gezichtsuitdrukkingen (vermijd glimlachen). Sta rechtop om het beeld te geven van een zelfverzekerd en standvastig persoon.

- **Geef niet toe.** Als u assertief gedrag wilt ontwikkelen, wees dan consequent in wat u zegt door voet bij stuk te houden. Als u toegeeft, riskeert u alle geloofwaardigheid bij de ander te verliezen, die bij de volgende uitwisseling geen rekening zal houden met uw woorden.

- **Neem een stap terug.** Zelfs als je zeker weet wat je op dat moment nodig hebt, kun je in het heetst van de strijd van gedachten veranderen. Neem geen belangrijke beslissingen op het moment zelf.

👁 **WERKNEMER KNIPOOGT**

Assertief zijn, betekent niet onaangenaam of arrogant zijn. Door assertief te zijn, geeft u het beeld van een zelfverzekerd en geruststellend persoon, wat uw relaties met uw collega's en meerderen zal verbeteren. Maar wees voorzichtig om jezelf te zijn: als je gereserveerd bent, hoef je jezelf niet te dwingen om overdreven assertief te zijn, zolang je je niet overweldigd voelt. Er is niet één type assertiviteit, dus verzin je eigen persoonlijkheid.

FAQ

WAT IS ASSERTIVITEIT?

Het is een gedrag en een manier van communiceren gebaseerd op respect voor zichzelf en voor anderen. Assertiviteit nodigt uit om voor zichzelf op te komen, om je behoeften of standpunt kenbaar te maken, om je belangen te verdedigen met respect voor die van de ander. Een assertief persoon durft te zeggen wat hij of zij denkt met vertrouwen en zekerheid en blijft tegelijkertijd open en zorgzaam. Door deze houding te ontwikkelen, zullen uw professionele relaties en uw welzijn verbeteren.

IN WELKE SITUATIES KAN ASSERTIVITEIT NUTTIG VOOR MIJ ZIJN?

Dit gedrag kan nuttig zijn in vele situaties met een meerdere of een collega, tijdens vergaderingen of bij een meningsverschil. Assertiviteit is ook zeer geschikt in het kader van geweldloze communicatie.

 ### DE JUISTE PERSOON AANSPREKEN

Merk op dat het noodzakelijk is om assertief te zijn met de juiste persoon. Uw mening verkondigen aan iemand die geen beslisser is, zult u weinig voordeel opleveren. Bijvoorbeeld, je manager vraagt je om een klus voor het weekend af te maken. Je kunt dit niet doen omdat je de benodigde materialen niet hebt. Dit objectief en rustig aantonen aan een collega zal je niet helpen. Neem rechtstreeks contact op met uw lijnmanager en leg uit waarom u niet positief op hun verzoek kunt reageren.

HOE KUN JE ASSERTIEF ZIJN ZONDER AGRESSIEF OF ARROGANT OVER TE KOMEN?

Een assertief persoon is niet arrogant of agressief. Als dit gedrag soms als zodanig wordt beschouwd, is het gewoon een verkeerde interpretatie of een communicatiefout. Let op uw verbale en lichaamstaal om geen slecht beeld van uzelf te geven. Assertief en zelfverzekerd zijn, betekent niet dat je over anderen heen stapt. Vind het evenwicht om je behoeften te uiten zonder de ander te frustreren of te kwetsen.

ASSERTIVITEIT OF EGOÏSME?

Je standpunt kenbaar maken, vooral door te weigeren, betekent niet dat je egoïstisch bent. Om dit te doen, moet u zich op de juiste manier uitdrukken: blijf in overeenstemming met uzelf, respecteer de andere persoon en houd rekening met uw respectieve behoeften om een *win-win* oplossing te vinden.

HOE KAN IK MIJN GEDRAG VERANDEREN OM ASSERTIEVER TE ZIJN?

Begin met wat werk aan jezelf om je te leren kennen. Stel jezelf de juiste vragen: "Wie ben ik? Wat vind ik leuk? Wat haat ik? Wat zijn mijn capaciteiten, mijn vaardigheden? Wat zijn mijn zwakheden? Wat zijn mijn angsten, mijn waarden, mijn grenzen, mijn behoeften?

Neem dan moed en zeg wat je denkt. Geef uw mening rustig maar beslist, zorg ervoor dat u de ander niet beledigt en dat u elkaars belangen respecteert. Denk eraan open en ontvankelijk te blijven voor de ander door te luisteren en zijn standpunt in overweging te nemen.

WELKE IMPACT KAN ASSERTIVITEIT HEBBEN OP MIJN BEROEPSLEVEN?

Dit gedrag zal uw professionele horizon veranderen door u te helpen:

* gezonde communicatie en professionele relaties ontwikkelen op basis van wederzijds respect;

* conflictbronnen te verminderen en de algemene sfeer te verbeteren;

* motiveer je teams door je zelfverzekerd en standvastig op te stellen;

* uw vergaderingen effectiever maken;

* onderhandelen of een contract sluiten met gemak;

* nee zeggen als je agenda overbelast is;

* uw professionele en persoonlijke welzijn verbeteren.

HET IS AAN JOU!

BEN JE ASSERTIEF?

Deze oefening nodigt u uit om uw niveau van assertiviteit te beoordelen en gedragingen te identificeren die u kunt verbeteren. Denk terug aan een moment waarop u door een collega of leidinggevende werd gevraagd "ja" te zeggen terwijl u liever "nee" had willen zeggen, en beantwoord de volgende vragen:

- Wat was het verzoek van de persoon met wie je sprak? Was het een "must" of een "zou het leuk zijn als"?

- Wat voor soort grens was het voor jou?

- Wat waren toen je verlangens en behoeften? Heb je ze uitgesproken?

- Hoe voelde je je? Heb je erover gepraat?

- Zijn uw waarden gerespecteerd?

- Heb je alles uitgedrukt wat je wilde? Zo ja, welke gevolgen hadden uw woorden? Zo niet, waarom niet?

- Heb je de behoeften en waarden van je gesprekspartner gehoord en begrepen? Zo ja, welke waren dat? Zo niet, waarom niet?

- Wie nam de uiteindelijke beslissing? Jij, hij of allebei een compromis? Waarom is dit gebeurd?

- Bent u op de noodzaak en gelegenheid gestuit om te onderhandelen?

- Als de uitwisseling slecht afliep, welke houding had u dan kunnen aannemen om het positief af te sluiten?

JEZELF DURVEN LATEN GELDEN

Noem verschillende contexten waarin je problemen hebt ondervonden om je te laten gelden. Deze oefening zal je helpen jezelf beter te leren kennen, situaties te analyseren en te relativeren, zodat je je behoeften durft uit te drukken en aan te nemen.

OM VERDER TE GAAN

BIBLIOGRAFISCHE BRONNEN

Corten (Philippe), *Tuer le stress avant qu'il ne nous tue! Manuel pratique de gestion du stress*, Brussel, Clinique du Stress CHU Brugman, 2006.

"Definitie en nut van assertiviteit", in *Assertiviteit*, februari 2013, geraadpleegd op 2 september 2015.

Le Guernic (Agnès), "Les positions de vie", in *AT*, geraadpleegd op 25 september 2015.

http://analysetransactionnelle.fr/les-concepts-de-base/les-positions-de-vie/

Tournebise (Thierry), "Assertiviteit. L'affirmation de soi dans le respect d'autrui", in *Maieusthesie*, september 2001, geraadpleegd op 2 september 2015.

http://maieusthesie.com/nouveautes/article/assertivite.htm

AANVULLENDE BRONNEN

Grivel (Sylvie), *Être soi dans ses relations. Développer son assertivité en entreprise*, Parijs, Eyrolles, 2014.

Hadfield (Sue) en Hasson (Gill), *Développe votre assertivité dans toutes les situations*, Parijs, Leduc.s Éditions, 2012.

Schuler (Éric), *Comment s'affirmer. L'assertivité au quotidien, ni hérisson, ni paillasson*, Parijs, Éditions d'Organisation, 1992.

VB Coach'In, *La Communication NonViolente en milieu professionnel*, Brussel, Lemaitre Publishing, 2015.

We horen graag van u! Laat
een reactie achter op jouw online bibliotheek
en deel je favoriete boeken op social media!

IMPROVE YOUR GENERAL KNOWLEDGE
IN THE BLINK OF AN EYE!

Master ISBN: 9782808604666
Papier ISBN: 9782808605878
Wettelijk depot: D/2023/12603/14

Digitaal ontwerp: Primento,
de digitale partner van uitgevers.